Pierre Naviglio

AD MAIORA

Poèmes de Bohême…

© 2020 Naviglio, Pierre

Édition : BoD – Books on Demand, 12/14 rond-point des Champs-Élysées, 75008 Paris
Impression : BoD - Books on Demand, Norderstedt, Allemagne

ISBN : 9782322207671

Dépôt légal : Septembre 2020

*« Qu'importe cette vie,
Puisque nous sommes nées de la précédente,
Et que nous nous retrouverons dans la suivante… »*

Ad Maiora :

Ad Maiora, vers de plus grandes choses,
Je ne sais même pas si cela est ce à quoi j'aspire,
Mais quitte à le faire, quitte à oser, j'ose,
Repartir dans une croisade de soupirs.

Qu'importe ce qu'il adviendra demain,
À chaque jour suffit sa peine n'est-ce pas ?
Demain, appellera un nouveau lendemain,
Et avec lui le soleil arrivera.

Ad Maiora, vers de plus grands dessins,
À espérer que j'y trouve mon chemin.

Nos Amours :

Les sentiments d'un homme sont identiques,
Qu'il soit d'Asie, d'Afrique ou d'Amérique,
Il ressent les mêmes faiblesses, les mêmes tourments,
De perdre la femme qu'il aimait sincèrement ;
L'histoire d'un homme est l'histoire de tous,
Qu'il soit président ou un simple mousse,
Qu'il erre d'un port à un autre en la cherchant,
Ou d'une planète à une autre en l'oubliant,
À nos amours qui, de l'autre bout de la Terre,
Du détroit, de l'océan ou de la mer,
Nous empêches d'oublier leur nom dans d'autres bras,
En nous contraignant à ne penser qu'à la fois
Où nous vous avons perdu,
Où nous nous sommes perdus ;
Nos amours nous empêchent de nous ouvrir à nouveau,
Et un homme sans cœur et comme une pièce sans sceau,
Il est inutilisable, comme un fleuve sans eau,
Comme un puzzle dont il manque un morceau,
Et nos amours passés, nous en apporterons de nouveau,
Comme une nécessité de monter à l'assaut,
Mais en attendant ce moment,
Les cœurs demeureront meurtris,
Car, qu'importe demain si aujourd'hui,
On en garde les mêmes sentiments,
On en garde le même amour,
Qui pourtant malgré les jours,
Demeurent inchangés,
Demeurent inégalés.

La galerie :

Accroché sur un mur blanc,
Cloué à observer les passants,
Qui te scrute et parlent de toi,
Comme si toi, tu n'étais pas là,
Petit tableau, dans ta petite galerie,
Tu dois avoir la patience infinie,
Même si tu es contemporain,
Avec trois traits sur un chemin,
Qu'un enfant pourrait réaliser,
Tu es échangé, et troqué,
Et c'est cela l'art aujourd'hui,
Et on me dit à moi de suivre une thérapie,
À quelle point cette société est perdue,
Toi qui as tant vu,
Pauvre petit tableau,
Tu vois ton reflet débattu,
Décris par des sots,
Pensant avoir tout connu,
Et eux nous imposer,
Que cela coûte des milliers.
Pauvre petit tableau, tu dois être malheureux,
Quelle tristesse d'être enfermé avec eux.

Murmure :

Tu voulais que je continue à écrire,
Alors que cela n'était plus mon désir,
Mais pour toi, je le ferai,
Preuve en est, je l'ai fait.

Mais à quoi sert de faire de la poésie,
Quand rien n'en est dans mon esprit ?
J'entends dans ma tête des voix raisonnées,
Des colombes chanter des odes de beauté,

Et des corbeaux me murmurer des grossièretés,
Des oiseaux qui volent dans ma mémoire oubliée,
Car dans mon crâne, c'est la guerre, un enfer,
Des coups de feu incessant sur ce qui est à faire,

Ou au contraire, à ne surtout pas faire,
À dire ou à écrire, ou simplement à me taire,
À chercher le soleil et la lumière,
Ou les ténèbres pour qu'ils m'enserrent,

À regarder la vie défiler et les arbres pousser,
À regarder les Hommes se tuer et se massacrer,
À voir des agneaux devenir des loups,
Pour se venger d'eux-mêmes et de tout,

Quand le ciel ne brille plus sous la lune qui sourit,
Car même les étoiles sont fatiguées et sont parties.

Oui je suis fou, mais qui ne l'est pas à cet instant,
Après tout, on ne vit que quand on souffre,
Alors faites-moi mal, que je me sente vivant,
Planter moi et jeter mon corps dans un gouffre,

Brûlez-moi et cassez-moi les os, je sourirai,
Brisez-moi les doigts, tuez-moi je vous pardonnerai,

Reviens moi, reviens toi, me caresser le cœur, prends-le
Avant de me le briser à nouveau : je serai heureux.

Avec le temps :

Avec le temps... tout s'efface, tout s'évanouit, tout disparait,
Avec le temps, tu t'en iras, tu t'envoleras, et je te suivrai, car moi aussi je partirai.
Avec le temps, le temps d'une cigarette, dans d'autre bras,
 Le temps d'une nuit, dans d'autre bras, dans d'autres draps,
Avec le temps, tout disparait, tout s'en va de ma mémoire, mais pas toi,
Alors que le temps efface tout, toi tu demeures là,
Tu demeures présente à côté de moi, alors que moi, je n'y suis pas,
Moi je suis parti, vers d'autres contrés, vers d'autres pays,
Et toi tu es là, à côté d'une coquille vide, à côté d'un cercueil de chair et de sang,
D'un cercueil vide, car mon âme est ailleurs, car mon âme est partie,
À côté de moi, de mon corps qui dépérit,
Chaque jour un peu plus, chaque jour davantage, car le temps...
Emporte tout, il fait disparaître, ton sourire de ma mémoire,
Tes mots d'amours, et mon désespoir,
Alors que moi, moi je suis parti, je me suis envolé, vers d'autres contrés, contrés où j'oublierai,
J'oublierai tout ça, l'amnésie s'emparera de moi, et je serais là, là loin de toi, et toi si loin de moi, que nous ne vous verrons pas, et que nos cœurs n'en reviendront pas...

Cette nuit :

Tes cheveux aux reflets dorés emmêlés,
Comme toi dans mes bras, entrelacés,
Tu dormais et je ne voulais dormir de peur de me réveiller,
De peur de croire que cela n'avait été qu'un rêve, que je rêvais,
Le soleil, première fois que je l'aperçois dans ce pays,
Éclairait, accompagné du chant des oiseaux, ton lit ;
Ce lit dans lequel nous sommes allongés,
Ce lit dans lequel nous sommes couchés.
Je caressais ton corps et ta peau comme de la soie,
Inondés de lumière, là, à porter de mes doigts,
Tu brillais dans ces draps blanc immaculé,
Dans ces draps dans lesquelles je t'ai aimé.

Ta peau contre la mienne, m'a rendu heureux, j'étais enivré,
Davantage que l'ensemble des vins que j'aurai pu absorber,

Elle dormait, Seigneur, un ange à mes côtés,
Moi au sien, Seigneur, juste à sa portée…
Son esprit vif et intelligent n'a d'égal que sa beauté,
Et moi, dans tout ça, j'étais là à la contempler.

Face à la montagne :

Quand on était sous la neige,
Sous les flocons d'argent luisant,
Sous l'eau gelée, et le soleil brillant
On était là, patient sur le télésiège.

La montagne blanche, faisait front,
De toute sa roche, de tout son poids,
De tous ses torrents, de tous ses bois,
On était là, dans notre lente ascension.

Le froid métal, qui nous tenait,
Le siège gelé, par le froid qui régnait,
Sous la neige d'argent, tombant en dansant
Comme bousculé, au rythme du vent,

On était là, à patienter, toi et moi,
Blottit pour lutter contre le froid.

Criera : Carnage !

La fureur folle de la vengeance frappera à ta porte,
Et ton âme sera escortée, accompagnée de mille cohortes,
Tu ne vivras que pour assouvir ton désir de destruction,
Pour accomplir ta vendetta, tu t'exécuteras dans la sédition.
Tu deviendras un messager de la mort et de la guerre,
Et tu traineras tes ennemis jusqu'au porte de l'enfer ;
Et tu te consumeras, étouffé, asphyxié et brûlé par la rage,
Car tu vas finir comme l'ombre de César, tu crieras :
« Carnage»
Et tu libèreras les chiens de la guerre, de la désolation qui à tes côtés,
Apporteront malheurs et destruction pour que ton esprit soit apaisé.

Celui qui mourra te saluera et il ne reste qu'à espérer,
Que la raison et la sagesse retiennent ton bras enragé.

Elle :

Elle est comme un soleil brillant la nuit, éclairant mon âme égarée dans ce sombre paysage,
Elle est une lanterne au milieu des bois ; un feu follet qui me suit pour vivre ici-bas, Elle est comme une montagne au milieu du plat pays, qui apparaît devant moi quand tout autour il n'y a que du plat, Elle est comme une brise d'été, avec ses pas léger, à la limite de la danse, un tango « dela muerte », elle est un ange de lumière au milieu du brouillard, indiquant son chemin à mon corps perdu, Elle est ces comètes devant lesquelles on s'incline en faisant un vœu, avec pour seul vœu de la revoir au moins une fois, juste une fois traverser le ciel.
Encore une fois traverser la nuit, comme le char d'Eli, car Elle est si belle au milieu de cette ébène, Elle est comme l'océan, indomptable et capricieux, violent quand il s'emporte en ouragan et pourtant, malgré tout, si beau à observer, si beau à regarder. Elle est comme le ciel d'été dans un endroit, rare, où il ne serait pas pollué. Elle est comme un rempart, un bouclier contre la barbarie des hommes et la sauvagerie de ceux qui les ordonnent. Elle est d'un altruisme à couper le souffle, et d'un optimisme à s'en perdre parfois, presque déconcertant, Elle est un panneau indiquant la direction sur un chemin perdu, là où ma boussole m'a lâché, elle m'a guidé sur ce chemin que j'ai pris un jour, un peu par hasard et pourtant elle guide mes pas pour toujours.
 Je l'aime, non pas d'amour mais d'un amour éternel, car elle est la reine de mes nuits, y compris de ses nuits d'insomnies ou au milieu de celles-ci, je pousse ses cris, attirant la foudre du ciel et de mes voisins, car par-delà les chemins, il n'y a rien de plus que je désire. Elle, la reine de mon cœur, aussi petit soit ce royaume, je te le

donne et je t'offre aussi le reste, te voilà donc souveraine de mon âme toute entière, disposes en selon ta volonté, car finalement je brûle pour toi à jamais.

Ceux qui s'aime :

Ils sont beaux ceux qui s'aiment,
On les croise de partout,
Et au final, de partout,
On croise ceux en peine…

Amour, tu es bien cruel,
Tu séduis les faibles, comme moi,
Pour qu'au final à mon réveil,
Détresse et chagrin soient lois.

Pour que mes peines soient légion,
Et mon esprit dénué de raison.

Tu es la plus belle des choses,
Mais tu es aussi un fléau,
Preuve en est à ce jour ces proses,
Et à jamais jeter au vent : ces mots.

Coquille vidée :

Finalement, la mélancolie est belle, même si je l'oubli,
Avec toi sur un port à une heure avancée de la nuit,
Je demeurais tétanisé, mes mains tremblaient,
J'étais comme un enfant, impressionné et apeuré ;

Et toi, debout, face à moi, adossée
Comme une reine sur ton muret,

Tu étais là, à me fixer, alors que mon regard,
Fuyant le tiens, regardait les bateaux danser,
Avec, mes yeux qui guettaient d'un regard hagard,
Ce que je devais dire ou faire désormais,

Je me suis arraché les tripes pour te dire ce que je t'ai dit,
J'ai sorti mon cœur fumant de la poitrine pour le tenir,
Car, si je ne le faisais pas, il se serait sûrement arrêté ou enfuit,
Il battait encore dans mes mains, je te l'ai donné, pour partir

Partir, car j'étais une coquille vide suite à ce présent,
Que je t'ai donné, que je t'ai offert, de mes mains en venant,

Il était dans ma main, et il s'est envolé, l'as-tu pris, l'as-tu gardé,
Ou, l'as-tu simplement jeté, loin dans la mer qu'il se brise sur un rocher,
Je l'ai arraché avec plaisir, comme une mauvaise herbe qu'on ne veut pas,
Je t'ai l'ai offert, ce cadeau foireux, celui qui ne bat que pour toi,

Et désormais, corps creux, comme un cercueil vide,
Je ne peux même plus rejoindre les abîmes, car je dérive,
Même Charon refuse de me laisser passer sur l'autre rive,
Alors je me perds, moi stupide, nageant dans les rapides…

Les méandres de la nuit m'enlaçaient doucement, je pleurais de l'intérieur,
Mais, quand ta main prit la mienne, les nuages partirent ailleurs,

Lorsque dans nos bras nous nous sommes réunis,
Lorsque que je t'ai tout avoué, tout raconté, tout dit,
Que tes lèvres contre les miennes se sont posées,
Tu ne l'as pas vue, je le sais, mais une larme a coulé.

Je jette au feu :

Puisqu'il faut s'oublier, j'ai allumé un brasier,
Je jette au feu nos photos et nos baisers,
Les étincelles les porteront dans le ciel,
Devant les étoiles qui décideront si oui ou non,
Elles demeureront dans ma mémoire au son
Des crépitements du feu, de nos souvenirs charnels,
Puisque l'on doit s'oublier, alors qu'il en soit ainsi
Je le ravive à l'essence et les flammes comme moi crient,
L'avenir décidera pour l'instant, je jette au feu,
Tout ce qui a fait de nous, tous ces moments heureux,
Qu'importe, il consume les cœurs et les souvenirs,
Comme la bûche condamnée à souffrir le martyr,
En demeurant là, immobile à brûler, je l'ai tué,
J'ai jeté aux brasiers nos moments et nos « je t'aime »
Qu'ils soient portés à travers la nuit par le vent volé,
Que par les flammes et par elle mêmes,
Renvoient ces moments vécus sous les cieux,
Qui un jour pourtant, nous ont vu amoureux,
Mais qu'importe, aujourd'hui, on doit s'oublier,
Et c'est pour cela, que j'ai allumé ce brasier ;
Mais n'en demeure pas moins que je me souviendrai,
Inlassablement, de tous ces moments passés à tes côtés.
Même si j'avais espéré que le feu emporterait tout
Je me suis trompé, et je pense encore à nous.

La Haye :

Avant de te retrouver, je suis parti à la Haye, voir à quoi elle ressemblait, la ville du tribunal de l'humanité. J'étais stressé, rien que l'idée de te revoir en vrai me troublait. Alors je suis parti, essayant de fuir comme un animal blessé, voir comment y était la vie, voir comment était son passé. Les bâtiments ressemblent à quelque chose au moins, car Rotterdam elle, ne ressemble à rien ; mais qu'importe, je voulais voir la mer, je voulais sentir l'air, sur ma peau, sur mes os. Je me suis installé sur le sable, entouré de gens peu affables, mais qu'importait, j'y étais allé pour soulager mon esprit, mon cœur un peu assombri, comme le ciel qui règne dans ce pays. J'avais peur, j'avais raison, car quand est venu l'heure, la passion, a repris le pas. Mais qu'importe, puisque ceux que j'écris ici, tu ne le sauras pas, c'est ainsi qu'est faite la vie, le vent fait tourner les feuillets de mon cahier, pour le coup, certains de mes papiers et de mes mots, ont vraiment été envolé, mais qu'importait à cet instant, je ne pensais qu'à toi. Ton visage, nos moments, mes souvenirs de toi, la première fois où je t'ai vu, la première fois où nous nous sommes connus… Je suis bien resté quelques heures sur cette plage, à regarder au loin les navires avancer, eux n'ont pas besoin de retourner chez eux, la mer et leur maison, et je rêvais qu'à ce moment-là, elle m'emportait avec elle loin, bien loin de tes yeux. Elle en a décidé autrement, décidément, la mer du Nord est triste, je comprends pourquoi les locaux préfèrent notre méditerranée. La même qui nous a vu grandir, toi comme moi, alors que nous ne connaissions pas. Les oiseaux tournaient, ils pialaient, c'était difficile de ne pas les remarquer, un peu comme toi devant la foule du lycée… Je t'ai vu, mon cœur s'est envolé, et je ne l'ai retrouvé, il a dû partir là où les adieux sont des je t'aime, là où tous les poètes ont leurs reines, enfin, j'espère pour lui, car ici, dans ce pays décidément bien gris il n'aurait pas réussi à passer la nuit. Je n'avais plus d'encre, alors, j'ai bu un café, pour pouvoir gratter au serveur de quoi finir ce papier, qui au passage, ressemble désormais plus à un chiffon, voire même un torchon, qu'à ce à quoi il ressemblait. Ce que le temps a passé, et pourtant, jamais tu ne m'as quitté, que vais-je bien pouvoir te dire, t'écrire ou même te raconter… Garçon, en plus d'un café, donnez-moi une vodka, car il va falloir du courage pour aller là-bas, pour aller la retrouver. Finalement, la Haye est une jolie petite cité, au moins, elle m'a aidé à décider, de toute façon je n'avais rien à perdre, ni même à gagner…

De Venise au monde :

Quand j'ai porté Venise dans mon cœur et dans mes poches,
À travers l'Europe et la France, j'ai compris que les messagers,
Sont, outre en souffrance, toujours les premiers assassinés,
Comme jadis, Caïn tuant Abel à coup de roche,
J'ai porté Venise jusqu'à toi, à travers le planisphère,
J'ai traversé des monts et des plaines, et des déserts,
Sans gondole ni canaux pour me porter et m'épauler,
Sans la lagune, je suis venu comme un marchand chargé,
D'épice, d'or, de parure de soie et de bel objet,
De miroirs brisés, de fleurs mortes, et de caisses cassées,
Dans un port, à essayer de vendre mes artefacts,
Même si les mots sont les mots, on leur préfère les actes ;
Je l'avais compris et c'est pour ça que je l'avais porté jusqu'ici,
Moi l'enfant trahi, apprenti anéanti qui, du lundi au samedi,
Emportais toujours Venise partout avec moi, c'était magique,
Quand de Rome, je n'en revenais que plus romantique.
J'avais amené Venise à mes côtés, elle était là !
Juste là, dans ma poche, à porter de doigt.

Strasbourg :

Au Nord même de l'Alsace ta cathédrale se dresse,
Ville de brique et de canaux, où sans cesse,
Tu fusses partagée entre deux nations qui pour toi,
Et ta région, se sont battues en chantant ton nom.
Tu as un côté vraiment unique, tes rues pavées,
Les gens qui se déplacent à vélo et tes nombreux cafés ;

Avec ta « petite France » et ses petits canaux,
Son platane majestueux qui veille sur les eaux.
Je suis venu te voir, plusieurs fois en réalité,
J'en avais profité pour traverser le Rhin, et
Comme Rotterdam où il débouche tu m'as laissé,

Comme le Rhône de Lyon à Avignon,
Des souvenirs en pagaille, à foisons ;

Avec grand plaisir je reviendrai te voir,
Toi et ta cathédrale, tes canaux et tes vélos,
Tes tavernes, tes brasseries et tes bistrots,
Et la personne que je dois, avant de partir, revoir.

Rotterdam :

J'ai traversé Rotterdam,
Avec une bouteille de champagne,
Pour aller faire la cour à une jolie jeune femme,
Pour délivrer, ou soulager mon âme ?
Chevauchant mon destrier d'acier,
Je m'en vais la chercher,
Après avoir parcouru pas loin de milles bornes,
Sous un ciel des plus sombres, des plus mornes.
Moi, le loup blessé
Avec une rose entre les dents,
D'un rouge assez saillant,
Je pars la trouver.

Je pars à sa recherche sous le regard bienveillant des moulins,
Et des passants qui me regardaient sur mon cheval, pédaler
Une rose à la bouche, une bouteille à la main,
Pour aller là où elle est, pour aller la retrouver.

Direction l'horizon vers la mer,
Là où Orion touche la Terre,
Là où les navires des passions échouées,
N'ont laissé que des roses aux pétales fanées.

Ami(e)... Si tu lis ceci, dans cette bouteille naufragée,
C'est que mon cœur n'en ait pas revenu, il a sombré,
Dans les plus noires et les plus sombres abîmes,
Mais pas ses rîmes, mais pas ses rîmes...

Alors pars leur conter, qu'un jour ;
J'ai traversé Rotterdam,
Avec une bouteille de Champagne,
Pour revoir mon Amour…

La Mémoire :

Souvent, avoir de la mémoire est une bonne grâce,
Elle permet de se souvenir, de se rappeler, de commémorer,
Des évènements importants, jadis glorieux passés,
Et l'Histoire appelle à la mémoire, pour qu'elle ne soit pas fugace,

Pour qu'elle ne soit pas sans intérêt pour nous, pour l'humanité,
Ni pour les générations à venir, pour qu'à tous soit l'intérêt.

Il y a donc deux mémoires à mes pensées,
La collective, mémoire commune des sociétés,
Qui sont, au passage, souvent les plus sollicitées,
Et l'individuelle, celle que tu as vécue ou partagée.

La première est des plus importantes car elle permet,
Si ce n'est d'éviter les erreurs, de les empêcher de se répéter,
Et la seconde, est soit une grâce soit une calamité ;
Calamité de tout le temps se rappeler du passé,

De ses erreurs, de ses fautes et de ce trop-plein de péchés,
Qui dans ton esprit enfermé, ne font que tourner.
C'est dur de se souvenir de tout, des mots prononcés,
Des odeurs, des goûts, et de ces moments rappelés.

Si cela est un don, alors je regrette d'en bénéficier,
Car parfois, j'aimerai juste me permettre d'oublier.

Oublier tout ce que j'ai fait, tout ce que je n'aurai pas dû faire,
Oublier de me venger, oublier que parfois, j'aurais dû me taire.

Mais c'est ainsi qu'est faite la vie n'est-ce pas ?
Donc parfois je prie que l'amnésie s'empare de moi.

Mais il n'y a pas que du négatif à se souvenir,
Elle rappelle de joyeux moments, de belles histoires,
De jolies personnes rencontrées parfois tard le soir,
Et surtout, optimisme ! Elle permet d'avancer vers l'avenir.

La raison :

Il n'y a rien de pire que la raison, c'est une vérité,
Elle frustre les passions, tuant la spontanéité,
Elle œuvre dans l'inconscient pour te rassurer,
Te contacter quand tu es en train de douter,
La raison est une folie cachée car elle ne s'assume pas,
Alors qu'un fou, reste un fou même s'il se prétend roi,
Mais au moins, à travers la foule il le dit lui qu'il en a marre,
Alors que ta raison ne fait que prolonger un cauchemar,
La raison et le politiquement correct sont des criminels,
Car on ne dit plus, on s'enferme dans des vérités parallèles,
Sous prétextes que pour le bien de communauté,
Nous avons acheté une paix sociale, mais nous l'avons payé,
Un fou lui, se fout de tout ça, il dit sa vérité,
Qu'elle plaise ou non, qu'elle ne soit ou non censée,
Il est de bon ton de s'avouer désœuvré, désabusé.
Alors je me fais une raison dans ma raison,
Et vous dis clairement d'aller vous faire foutre bande de cons.

Pays Bas :

Vois-tu le ciel gris ici, avec le vent du Nord glacer,
C'est une habitude, ici ils n'ont pas froid,
Alors que moi, de ma Provence, je languissais
Juste par pitié un rayon de soleil ici-bas,

Je n'étais pas habillé pour affronter un tel climat,
J'étais parti avec mon sac un peu à l'arrache,
Parti un peu au galop comme un brave apache.
Et quand nous sommes rentrés chez toi,

Moi gentil garçon… je t'ai aidé pour ta bicyclette,
Ce qui m'a coûté quelque doigts et l'air un peu bête,
Mais qu'importait à cet instant la bise marine,
Puisque mon cœur se réchauffait à l'adrénaline,

Mais en réalité, putain j'étais congelé !
Mais pour toi, bonne figure, même avec les doigts bleutés.
Car finalement, qu'importait la température vue que je t'avais retrouvé,
Toi ma princesse, la reine des reines parmi les souveraines,

La déesse de toutes les vertus et de toutes les diverses beautés,
Marchais à mes côtés dans cet hiver, de manière tout à fait sereine.

M'aimais-tu à cet instant ?
Je ne le sais pas vraiment,

Mais toi tu avançais, et moi je trainais ton vélo,

Avec mes doigts qui me rappelaient que je n'étais qu'un sot,
Mais bon, un sot galant qui malgré l'hiver,
Avait quitté sa lavande pour venir te plaire.

Alalala… pour toi, en vrai, que n'aurais-je fais ?
Probablement pas grand-chose en réalité.
Mais qu'importe, vois-tu je m'en suis remis,
Puisque mes doigts en parlent aujourd'hui.

La poésie :

La poésie est semblable aux prières, pour mon cas
On la fait quand rien ne va, lorsque ça ne va pas
Alors que constamment on devrait le faire, n'est-ce pas ?
Alors Seigneur, je vous en prie, pardonnez-moi,
Vous aussi, pardonnez-moi de n'avoir que des larmes à vous offrir,
Des soupirs pour vous avertir que mes sourires n'ont pas d'avenir,
Des larmes pour vous noyer là où les navires ont brûlé,
Des larmes pour ne pas éteindre l'incendie mais le propager,
Car en réalité, mes maux ne sont pas traductibles avec des mots,
Ils sont, inexistants comme le néant, je ne sais pas comment les définir,
Je ne sais ni trop quoi raconter ni vraiment trop quoi dire.
Donc pardonnez ma poésie de piètre qualité, car en réalité,
Je ne suis pas poète ! J'étais un mauvais voyou, je suis devenu poète par défaut,
Un peu comme un chemin plus simple sur lequel marché,
Car finalement, j'aurais préféré être ce bandit à cheval ou à genoux,
Voyager sans m'attacher, voyager sans jamais m'arrêter,

Quitte à finir par divertir lors de mon exécution,
Où j'aurai trouvé à sortir une forte belle citation,

En guise de derniers mots, en guise de souvenirs,
J'aurais été pendu là sous vos yeux et vos rires,
Mais c'est ainsi, la vie a fait que je ne suis plus bandit,
Donc pardonnez-moi d'écrire constamment jours et nuit

Ce rêve-là :

J'ai couru sauver la belle !
Et sur un pavé mal stabiliser,
Oui, c'est de la faute du pavé…
Je me suis ramassé,
Étaler de tout mon long,
Au milieu de la rue,
Pour sauver une demoiselle d'un dragon,
Qui, quand il m'a vu,

A rigoler, je ne pouvais pas lui en vouloir,
Surtout que j'avais un peu bu ce soir,
Oui, c'est de la faute de la boisson !
Même si c'est moi qui suis passé pour un con,

En plus, je me suis fait mal au bras !
En tombant comme la pomme de Newton,
Au milieu de la rue, par là-bas,
Je n'ai pas la rime en one, acétone ou carbone ?

Bref, je m'égare, je me suis relevé,
Je suis allé dire au monsieur d'arrêter de l'embêter,
Car cela ne ce faisait pas, ça tombe sous le sens,
Même s'il ne ressemblait pas trop un dragon,
J'ai sorti mon épée et les couper dans tous les sens !
Mais mon armure était un peu rouillée, mais bon.
À ce moment-là, mes collègues mon relevé,
Je m'étais juste étalé, j'étais juste tomber.
Mais mon rêve était vraiment super, je sonnais le glas !
Sauf que je me suis vraiment fait mal au bras,
Ce qui était moins glorieux en réalité,
Que de sauver une princesse dans un rêve alcoolisé.

Prière :

Seigneur, veille sur moi et sur les miens je t'en prie,
Aide-les à avancer sur le chemin de la paix et de la sérénité,
Donne leur la force et le courage de continuer d'avancer,
Même quand, de doutes ils sont entourés, je t'en prie.

Seigneur, veille sur mes amies et ma famille, je t'en prie,
Aide-les en leur donnant l'espoir de ne jamais flancher,
Offre leur ta grâce et ta bonté pour qu'ils demeurent en santé,
Donne-leur la foi, chaque jour davantage je t'en prie.

Aide ceux dans le besoin, ceux qui survivent les larmes aux yeux,
Car Seigneur, tu es l'éternel, le roi des rois, le Dieu des dieux,

Guide l'humanité sur les chemins de l'amour,
Guide l'humanité sur les chemins du retour,

Rassemble-nous, je t'en prie, car bien que divisés dans nos cœurs,
Nous demeurons tes enfants à jamais, et tous ton pour Seigneur,

Qu'importe comment il t'appelle Dieu, Yahvé, Allah, Bouddha,
Seigneur, Éternel, Shiva, ou même s'il ne t'appelle pas,
Tu en demeures le Dieu des dieux, toi qui te révélas à l'humanité,

Inonde notre monde d'Amour, pour que plus jamais ton nom soit souillé,

Pour que plus jamais, on entende ton nom bafoué,
Par une bande de fou, croyant détenir la vérité.

Seigneur, veille sur ma famille, et la famille de mes amis,
Veilles sur ceux qui m'ont accueilli, logé, aidé et nourri ;

Seigneur, je t'en prie, je ne demande rien, j'espère simplement,
Que tu puisses aider chacun d'entre nous, chacun des gens,
Qui en toi ou non croit, n'en demeure pas moins juste car finalement,
Si je ne me trompe pas, qu'importe que l'on croie ou pas,
Vu que vous croyez en nous, Seigneur, Roi des rois.

Abreuvez l'humanité de la sagesse et de la connaissance,
Et je t'en prie Seigneur, aide-moi à avoir de la patience.

Préservez-moi, et les miens de douter de toi,
Et je t'en supplie Seigneur, donnez-moi la foi.

Explique-moi :

Explique-moi, car je ne comprends pas,
C'était s'aimer une dernière fois ?
C'est cela que tu voulais,
Qu'à la nuit passée je disparaissais ?
Que je disparaisse sans jamais te revoir,
Que je quitte ce que ne voulais croire ?
Tu as espéré qu'à l'aube je partirai,
Que je m'en irai sans me retourner jamais ?
Que quand les six heures auraient sonné,
Que je m'en aille sur la pointe des pieds ?
Que je m'échappe de tes bras prisonniers,
Que je m'évaderai de tes draps partagés ?

Me vois tu donc comme ça,
Moi sans fortune et sans roi ?
Moi te fuyant, toi, là où la passion est loi ?
Alors que moi je n'aime que toi.

Je ne pensais pas que je devrai m'en retourner,
Dans mes contrés aux lavandes et aux oliviers,
Aussi vite, pour t'avoir embrassé,
À de nouveau suivre l'étoile du Berger.

Avignon :

Toi qui vies sur le Rhône qui m'a vu grandir, Avignon,
Tu m'as vu et connu déchainer bien des passions,

Je me souviens de la première fois que je suis venu,
La première fois où, de nuit je t'ai vu ;
J'étais fort bien accompagné, je devais avoir,
Quatorze années dans ma mémoire,

C'était il y a bien longtemps, en vrai
Mais je me souviens de cette nuit,
Mais que veux-tu le temps est passé et s'enfui,
Je suis revenu à toi des années après,

Je me suis installé dans tes remparts,
Mais que veux-tu, ça n'a pas duré,
Toi la ville des papes où flotte leur étendard,
N'étions peut-être pas fait pour cohabiter.

Mais merci, Avignon, pour ces moments,
De joie, de peine, et de promenade en ton sein,
Car tu es bien belle, bien que dans un état alarmant,
Tes pierres ont vu passé beaucoup de gens, certains,

Tu les as gardés, d'autres comme moi ne sont que passés,
Mais qu'importe, car au final, je t'ai aimé.

Vendetta :

Entre la raison et la passion, il n'y a qu'un pas,
Entre la folie et la déraison, il n'y en a pas.

Il n'y a de la trompette céleste que le son du glas,
Qui te prévient de l'alarme, qui te rappelle à toi :

Le son des morts de patries inconnues,
De martyrs et d'innocents perdus,
De ces enfants dépassés par la vie ;
Et de ces familles, et parents détruits,
La guerre, de l'Orient à l'Occident,
De Paris à Madrid aux tours jumelles,
De l'incidence d'un fou sur un pluriel,
Il n'y a qu'un pas, si petit, presque inexistant.

De la « religion » aux hydrocarbures, il n'y a qu'un pas,
Du génocide à la jalousie, il n'y en pas,
Du meurtre premier, au dernier commis,
Du premier vice à la bonté finie,
Le cœur ne peut rester hélas, ni indemne, ni sans dommage,
Autant pour celui qui commet que pour celui qui reçoit,
Et il est malheureux de voir tant de faux prophètes, d'orateurs et de mages
Manipuler les foules, les systèmes et les lois,
Prôner une violence légitime contre des communautés entières,
Sous de faux prétextes, de foi, de terres et de frontières.

La Vendetta est personnelle, et doit, aussi sacrée, le demeurer,
Elle ne doit pas être l'œuvre d'une communauté,
Une vile manœuvre d'armer le bras d'un abusé,
Mélangeant sa fierté à celle de sa société.

Ce bras armé est perdu, s'il n'est pas armé d'une raison personnelle,
La violence légitime n'est pas commune, elle est individuelle,
Alors je vous en prie, traitre à l'humanité, cessez d'armer des foules entières,
Pour aller venger votre honneur souillé que vous n'arrivez pas à laver,
Faites-le, et peut-être qu'un jour, on connaitra une année sans guerre,
Où vous vous entretuerez, pendant que nous nous réapprendrons à aimer.

Tzigane :

La légende raconte, qu'un jour, sur une terre ensoleillée ;
A Jérusalem, la veille de la crucifixion,
Deux soldats romains eurent pour mission,
D'acheter les clous pour exécuter une peine prononcée.
Ils se mirent alors, assoiffés par la chaleur, en quête d'un forgeron,
Mais avant, ils dilapidèrent la moitié de la somme en boisson,
Cherchant où se procurent ces clous, ils entrèrent dans une boutique,
Mais quand ils dévoilèrent l'utilité, le vendeur refusa et mourra de ce fait.
Alors ils reprirent leurs chemins sous les murs de briques,
Et sortir de la ville trouver le tzigane qui pour eux, travaillerai.

Ils trouvèrent ce forgeron, qui avait trois clous en train de sécher,
Il en manquait un, alors il se mit à le fabriquer, le confectionner,
L'esprit du boutiquier vient à lui et lui donna la destination de ses objets,
Paniqué, il essaya de s'en aller mais fut rattrapé et contraint à travailler,
Mais quand il tapa avec son marteau la lumière surgit,
Son métal se transforma en or, et il s'en empara et parti.

Il réussit à disparaître avec le dernier, avec le quatrième clou,
Celui qui devait traverser le cœur de celui qui nous absout,

Alors les Romains les traquèrent tous, sans cesse pourchassés
C'est pour cela qu'aujourd'hui encore, ils ne s'arrêtent jamais.

Révolution inconnue :

Un jour, il y a de ça presque un siècle passé,
Des Hommes et des Femmes se sont révoltés,
Ils se sont organisés en conseil, eux fermiers,
Ils ont pris les armes pour leur liberté.

Ainsi est née la Makhnovtchina où ont été dressé,
Le drapeau noir de colère d'un peuple opprimé,

D'un peuple vendu en bien aux Allemands,
Qui ont combattu aussi les rouges et les blancs ;

Ils étaient seuls acculés, attaqués de partout,
Et pourtant ils ont gagné contre tout,
Le drapeau noir de la colère hissé au vent,
Et le drapeau rouge des peines et du sang,

Flottait sur le même socle de l'égalité,
Vous armer de partisans, travailleurs et ouvriers,

Vous vous êtes élevés d'un commun front,
Pour défendre vos valeurs et vos maisons.

Makhnovtchina, tes valeurs demeurent inchangées,
Bien que cela fait un siècle que ça s'est passé,
Aujourd'hui encore tes chants raisonnent à travers les pays,
Portés par les zéphyrs de la liberté et de l'agonie.

J'hésite :

J'hésite, à demeurer ici ou à partir,
J'hésite, à me battre ou à m'enfuir,

Je suis perdu, déboussolé, à deux doigts de me résigner,
Je suis sorti du rang trop longtemps, et je me suis égaré,

J'ai pris des chemins étroits malgré tout, et il est temps
Même si je ne regrette pas cela, j'hésite simplement,

À partir pour ne pas revenir, tirer un trait,
Ou à rester ici, me venger et avancer,
À crier ma douleur ou l'écrire,
À vivre enfermé ou à sortir,

J'hésite, à vivre ma vie à fond,
Ou à me balancer d'un pont,

Après tout, quelle différence au fond ?
Si nous ne sommes que figurants,
Alors soyons en moins des bons,
Ou alors n'en soyons pas honnêtement,

Car finalement j'hésite à partir en marchant,
En volant, sur les routes ou en courant,

Mais je reste et demeure ici pour l'instant,
La déprime n'est pas légion chez moi,
Je n'en veux pas, elle n'est pas moi,
Je suis juste là à hésiter, à aller crier,
Ou à continuer à écrire sur mon cahier,
À partir lui faire la cour, lui dire la vérité,

Ou à rester ici, et simplement demeurer.
Car au fond, que sais-je ? Je ne sais rien,
Il n'y a peut-être ni purgatoire ni paradis,
Ni Dieu, ni diable, ni démon, ni Léviathan,
Peut-être juste notre vie.

Pourtant, j'ai ce sentiment qui me dit,
Que ma vie m'attend ailleurs, mais pas ici.

Donc j'hésite, dois-je partir, dois-je rester,
Prendre la route ou me sédentariser,

En réalité, je doute, j'ai un choix à faire,
Mais pas aujourd'hui, attendons demain,
Disons que demain sera peut-être un enfer,
Et que je n'aurais plus à hésiter en vain.

La chasseuse des cieux :

Elle, parée d'un long manteau lainé, ses joues roses et sa peau pale,
Montant son poney trapu, blanc et marron, tout petit,
Toute petite au cœur des immenses steppes de Mongolie,
Chasse avec à son bras, un Dieu du ciel pour eux : un aigle royal.
Armé de sa dizaine d'année, elle vit en nomade avec les siens,
Et la chasse et sa fierté, car elle est connue et réputée par les anciens,
Elle est excellente avec son aigle singulier,
Car dans leurs yeux brillent une même volonté,
On lit en eux, l'immensité du désert les entourant,
Cette espace vierge de liberté presque enivrant,
Et pourtant quand de son bras elle l'aide à s'élancer,
Il revient toujours à elle, comme attachée par un lien sacré.
Dans cette vaste zone aride, triste et désolée,
Lui s'envole alors qu'elle reste au sol à l'observer,
Les deux unis dans la quête de ramener du gibier,
Pour que demain, ils puissent continuer à voler.
Car finalement, elle voit à travers ses yeux la liberté et son pays,
Quand il vole, elle vole avec lui, dans le ciel de Mongolie.

Cigarette :

Tu me parlais de toi, un verre à la main,
Moi, juste en face de toi et pourtant si loin,
Tes yeux brillaient, ton rouge à lèvre laissé,
Sur les mégots de tes cigarettes fumées,
Et l'espace d'un instant je ne t'ai plus écouté :
Je me suis laissé aller à m'imaginer, à rêver ;
Que j'aurais aimé être ce mégot, le remplacer,
Quitte à finir dans un cendrier brûlé,
Ou dans un caniveau noyé,
Quitte à ce que tu finisses par me jeter,
Car finalement, qu'importe l'éternité ?
Si on n'a jamais eu la chance d'aimer ?
Quitte à en pleurer en réalité,
Quand on repense à ces moments passés…

Aussi éphémère qu'une cigarette fumée,
Aussi brûlant que les feux de la passion,
Mais qu'importe aujourd'hui les raisons,
Du moment que, quelques instants partagés, nous avons aimé.

Hagakure :

Mon père m'a fait lire un jour le Hagakure,
J'étais petit, je ne comprenais pas tout mais je le lisais,
Mais les années ont passé et il est toujours sur mon chevet,
Je crois que j'ai compris l'intérêt de relire sans arrêt.
La voie du guerrier, est un sentier compliqué,
Et il a été nécessaire pour moi de l'arpenter,
Le but n'était pas de faire de moi un soldat,
Mais d'être un Homme qui ne se résigne pas.
Quitte à tout perdre, pour être valeureux,
Qu'importe la victoire ou la défaite,
Il faut se battre, quitte à finir devant Dieu,
Et, il n'y a que quelques mots, plutôt préceptes,
À se mémoriser, à essayer de peu s'en éloigner,
Droiture, Courage, Bienveillance, Respect,
Honnêteté, Honneur, et Loyauté,
Voici les sept vertus dont il faut s'approcher,
Et finalement, voilà comment faire de toi un guerrier,
Car un guerrier affute sans relâche son arme, mais…
Il ne la sort jamais sans une bonne raison honnêtement,
Et c'est cela l'enseignement de mes parents.

Le saoul :

L'aurore est arrivée, et a apporté
Avec elle, une nouvelle journée,
Le ciel était lumineux azuré de nuages,
Ni blanc ni gris, un léger mirage,
Que je n'ai pu que contempler,
Quant à mon réveil j'ai admiré,
Un ciel aussi beau, l'est pour tous,
Même ceux qui n'ont peu de sous,
Finalement en profite aussi,
Du soleil qui réchauffe les esprits ;
Qui réchauffe tes os glacés,
Fait réanimer ton cœur fatigué,
Car l'hiver est passé,
Et désabusé par l'absinthe ingurgitée,
J'ai cru apercevoir une licorne voler,
Accompagnée d'une baleine ailée,
Je me suis frotté les yeux fatigués,
Car mes paupières lourdes épuisées,
Me faisait divaguer, pour ne pas dire : délirer,
Car je n'avais pas fini de cuver,
Mais, n'y n'empêche que c'était une belle journée,
Une journée où le soleil brillait entier,
Pour tout le monde, et ça, c'était beau,
Moi, l'observant derrière les barreaux.

Le chevalier moderne :

Le chevalier moderne, il est reconnaissable,
Car, à part se faire des châteaux de sable,
Il ne sert plus à rien, il n'est pas d'utilité,
La jouvencelle en détresse elle-même l'a agressé,
Car, par malheur, il s'en est venu la déranger ;
Alors, il s'est résigné, il a mis au tiroir,
Ses affaires, son costume, et son épée,
Pour cesser de chasser un dragon geôlier,
Et juste se promener sur le trottoir,
Mais malgré tout, bien que n'étant plus chevalier,
Il n'en demeure pas moins un dans son cœur,
Qui par jours de peines et de malheurs,
N'hésitera pas à ressortir son épée.
Chevalier des temps modernes, tu n'es plus chevalier,
Tu n'as plus de cheval, ni d'armure brillant de mille feux,
Mais que cela ne t'empêche pas d'en demeurer un adoubé,
Quitte à sortir pour aider ceux qui, par les larmes aux yeux,
Attendent toujours une âme juste pour les protéger,
Toi, l'enfant qui lit, n'as-tu jamais rêvé ?
Alors ne rêves plus et deviens chevalier,
Pars aider les opprimés et ceux qui ne peuvent résister.

Les rails :

Du ciel, on les voit comme des veines parcourant la terre, comme des fleuves ramifier de millier de rivières. En réalité, à quai, elle semble juste lier un point A à un point B sans s'arrêter, mais qui a-t-il au bout ? À la fin de ces rails, y a-t-il forcément une gare, un arrêt, un petit quai ? Je pose la question, car du quai, on ne voit pas le bout des rails, on ne sait pas si elle dépasse l'horizon, ou si simplement passer les frontières de la vitesse, elle dépasse par le son et le bruit des moteurs, toutes ces zones invisibles de la gare. Les trains, il y en a de toutes les couleurs et toutes les formes, du fret au militaire en passant par les convois civils, cela fait vraiment beaucoup de train, Et parmi tout cela, diantre, il n'y en a pas un seul, qui pour moi et ma bohême embarquera mes affaires, pour m'emmener dans un endroit perdu ? Un endroit au fond des bois, aux sommets des montagnes, aux pieds des volcans ou au fond de l'océan ? Là où il plaira à ma bohême de s'installer pour m'aider à trouver cette foutue ataraxie. Mais de préférence, là où mes voisins les plus proches seront loin que je ne les verrai pas en regardant l'horizon, d'ailleurs, pourquoi pas en terre de feu ma bohême ? À côté du cap Horn ? Qu'importe, où je vais tu me suivras, un peu comme une ombre au milieu de la nuit, on ne te voit pas et pourtant tu restes et demeures toujours là. Mais avant tout cela, il faut trouver le bon train. J'ai embarqué sur le train avec toi, un jour peut-être m'arrêterai-je à quai pour changer de train, reprendre ou prendre le train de l'amour, et peut-être qu'un jour, le train de la paternité, même si pour l'instant je ne m'y sens pas vraiment prêt, et… encore moins adapté. Mais pour l'instant, ma bohême je te suis, emporte-moi avec toi aux vents, essayons de nous trouver une clairière pour me laisser un peu de temps, pour laisser du temps au temps, car finalement la vie, et tout sauf une quête de cette foutu ataraxie, sinon, je pense que l'on finit vraiment par sombrer dans la folie.

Rafiki :

Tu connais bien des secrets,
Tu as vu beaucoup de choses,
Et entendus encore davantage,

Toi petite boule de bas-âge,
Agréable petite rose,
Avec ton petit cœur battant,

Ton poil doux gris et blanc,
Tes petites chaussettes,
Et tes mignons coussinets,

Tu es un vrai petit farfadet,
Et tu es des plus chouettes,
Toi qui te promènes gaiment,

Mon petit chat tu es belle,
Et je te veux éternelle.

Réponse :

J'ai constamment cherché des réponses à mes questions,
Et quand j'ai trouvé les réponses, mes questions avaient changé,
Quelle tristesse de constamment se poser des interrogations,
Comme un mignon bébé qui s'interroge sur le fait de baver.
Qui lui pour le coup, lui ne s'interrogera pas,
Après tout, à quoi bon, pourquoi ?
Si même les adultes qui l'élèvent ne le font pas,
Tu n'auras pas à le faire, l'État le ferra pour toi.
Il te donnera les réponses à toutes tes questions,
Tu n'auras qu'à rester coincé devant les informations.
Tu y apprendras que le verbe être n'existe plus,
Il a été tué par le verbe avoir qui un jour est venu,

Et on a pu s'en débarrasser, alors je te demande pardon,
Car, on a dit non, mais on n'est pas aller au bout de nos actions.

Achille :

Achille, toi qui es parti en guerre,
Pour la gloire, l'honneur, toi le fier.

Tu as choisi une vie courte pour la postérité,
Qu'une douce vie, remplie de gaité,
Tu avais sur ton bouclier orné,
Les habitudes d'une vie de foyer.

Tu avais amené tes myrmidons à tes côtés,
Pour combattre sur les plages d'une cité,
Qui selon la légende, avait offensé,
Un roi, pour n'avoir sû garder,
Son épouse qui s'en est allée elle,
Traverser l'Égée avec son bien aimé,
Et tu as accepté de contrarier le ciel,
Pour que ton nom ne soit oublié.

Mais j'ai appris du récit,
D'Ulysse qui raconte ta vie,

À ne jamais oublier ce que tu dis à Hector, fils de Troy,
« Qu'avec les Hommes, les lions ne pactisent pas. »

Danse au milieu de la nuit :

Le ruban nage dans les aires,
Tourne et tourne sans se distraire,

Voilà maintenant qu'ils sont deux !
Tel un balai chorégraphié pour eux,

Les amants dansent en symbiose,
Sur la musique, ils osent,

S'aimer, danser sans s'arrêter de tourner,
La couleur de leur tunique se mélangeait ;

Sa main dans sa main enlacée,
Son corps contre le sien serré,

Ses pas suivant les siens,
Comme un adieu au chagrin.

On ne distinguait plus qu'un ensemble abstrait,
Sous lesquelles leur pas tapait la terre tremblée,

Le feu central crépitait en crachant
Ses étincelles dans le cœur des amants,

La foule réunie autour du camp,
Et tous en chœur en chantant,

Guitares, instruments et violons,
Jouent ensemble avec l'accordéon,

Pour les motivés à ne pas s'arrêter,
Le monde peut attendre après une danse,

Il ne s'arrêtera pas de tourner,
Le moment est à eux, quelle prestance !

Danser leur offre la possibilité de l'amour avoué,
Et la volonté qu'il demeure à jamais inchangé.

Donne-moi la paix :

Non ne me sauve pas, tu n'y arriveras pas,
Car aussi belle sois-tu, je n'en demeure pas moins moi,

Alors laisse-moi déprimé, laisse-moi écrire,
Laisse-moi penser tranquille, arrête d'essayer de me faire rire,
Je suis concentré, alors ne viens pas déranger,
Je ne suis pas ta princesse, tu ne peux me sauver,

Alors laisse-moi faire ma vie comme je l'entends,
Laisse ma fatigue appeler mes démons,
J'ai mon bouclier, j'arriverai à temps,
Non je ne serai pas en retard, bon sang,

Laisse-moi la bouteille, ne retire pas mon verre,
Pourquoi le fais-tu ? Crois-tu que ça changera,
Il me faut un peu d'inspiration, alors laisse ça,
Ne t'inquiète pas, je n'ai pas un cœur de pierre

Laisse mon âme se consumer par le cancer,
Brûler ici, ailleurs ou en enfer,

Laisse-moi manger ce que je veux,
Tu auras tout le temps quand je serai vieux,

Pour me surveiller, mais laisse-moi vivre,
Laisse-moi mourir comme j'ai vécu,
Je ne supporterai pas de finir,
Comme un légume observé et vu,

Alors laisse-moi m'amocher à fond,
Après tout, on vie qu'une fois,

Alors laisse-moi profiter et avoir la foi,
Ne me fais finir comme un vieux con,

Laisse-moi m'amuser, laisse-moi en paix,
Je ne suis pas ta princesse, comprend le,
Laisse-moi t'aimer et cesses de t'inquiéter,
Et laisse-moi ouvrir les yeux,

Après tout, je suis libre, puis-je en profiter ?
Ou l'esclavage que tu me promets,

En me disant de rentrer dans les rangs,
Laisse-moi prendre le temps.

Je deviendrai ce que je devrai devenir,
Mais ne m'empêche pas de vivre ma jeunesse,
Sinon, je deviendrai ta petite princesse,
Et qui viendra toi te délivrer à l'avenir.

Nuit jeune :

Le silence, le silence nous fait dormir,
Alors ouvrez le feu pour nous faire courir,

Faites-nous courir, passer de nuits en nuits,
De comptoir en comptoir,
De zinc de bistrot en bar,
Faites-nous danser, elle contre lui,

Laissez nous nous enivrer sans nous juger,
Après tout, avez-vous vu monde que vous nous laissez,
Alors laissez-nous aimer, boire et picoler,
Jusqu'à plus soif, laisser nous nous amusez,

Notre jeunesse a besoin de ça pour se délivrer,
Alors oui, pardonnez-nous de crier
Au milieu de la nuit quand vous dormez,
Désolés que l'on est besoin de changer d'idées,

Pardonnez-nous d'insultez les trottoirs,
De crier « Antifada » tard le soir,

Pardonnez-nous de pisser dans la rue,
Pardonnez-nous de tituber devant vous,
D'avoir les yeux et la vue,
Quelque peu troublés car on est saoul,

Pardonnez-nous de danser au milieu des routes,
Pardonnez-nous de nous aimer sous vos fenêtres,
Pardonnez-nous tous, nous toutes,
D'avoir besoin d'expier nos péchés et notre mal être ;
Désolés pour toute la fumée et les mégots laissés
Désolés pour la nuit passée, et celle qui va arriver ;

Mais laissez-nous vivre, on n'est pas méchant,
Juste une bande de jeune avec le sang,
Particulièrement chargé et le foie abimé,
Mais au moins, on ne craint pas l'hépatite C.

Alors, ne nous en tenez pas rigueur, venez avec nous,
On courra ensemble de comptoir en comptoir avec vous,

On vous fera danser, on vous montrera que l'on sait encore aimer,
Et surtout, que la descente, c'est vous qui nous la transmettez.

Marcel à Ginette :

Si tu lis ceci, c'est que je ne serais pas rentré,
Je n'aurais pas passé la journée,
Je serais parti avant que le soleil ne soit couché,
Mais il fallait que je te dise, depuis les tranchées,
Que j'aurai aimé t'annoncer mon retour à la maison,
Ou ce courrier t'est parvenu depuis le front,
Mais qu'importe, écoute-moi je t'en prie, souviens toi,
Souviens-toi de moi, de ce que j'étais, de ce que j'aurais pu être,
Le destin a fait que tu ne me verras pas réapparaitre,
Mais c'est ainsi qu'est faite la vie, alors ce sont mes derniers mots,
Garde-les à jamais prêts de ton cœur bien au chaud,
Je dois te l'avouer :
Adieu mon amour, j'emporte ton souvenir avec moi,
Je ne sais ni ou je ne vais ni où j'irai, ni où je dinerai ce soir, en soit
Mais si existe un enfer, alors crois-moi sur parole, c'est bien la terre ;
Car malheureusement, personne ne reviendra indemne de cette guerre,
Alors pardonne moi, je t'en prie, ne me donne pas tes larmes pour noyer ma tombe,
Vis et souris car je pars simplement vers un autre monde,
Vis, souris et cris et ris, car je ne pourrais les emmener,
Je ne peux les emporter avec moi là où je vais,
J'emporte juste ton image, comme un souvenir, comme un trophée,
En me disant que si la vie en avait décidé autrement j'aurai pu espérer,
Espérer te dire tout cela en contemplant tes yeux,
Que le jour où tu m'as dit oui, j'étais heureux,

Que quand des enfants tu m'as offert,
Je demeurais à jamais père,
Je t'aime Ginette,
De tout mon cœur et de tout mon être
Et n'oublies pas, n'oublies jamais ma bien aimée,
Qu'importe où j'irai,
J'y accompagnerai ton portrait.

Le petit rat :

Décidément, où que l'on aille, il y en a,
Ces petites créatures, nommées des rats,

Dans la rue la nuit, il y en avait un,
Peu cher de lui, il était proche de la fin,

Il n'avait plus peur, il se trainait sur le goudron,
Impatient de voir venir une auto ou un camion,

Il se déplaçait coucher, comme accablé,
Comme si à lui seul il devait tout porter,

Il jouissait de ses derniers instants,
Sous le regard malveillant des passants,

Il attendait l'étreinte de la mort, ses bras,
Et en réalité, il n'était pas laid ce petit rat,

Et il me rappela que la mort n'attend pas,
Enfin si, elle t'attend toi, et elle t'attendra,

Car finalement, ce petit rat malade qui patientait,
Rappelle que la vie est un suicide chaque jour passé.

Courrier :

Combien de lettre j'ai pu envoyer,
J'en écris des tas, un paquet,
Car il est différent de dire les choses sur le papier,
Comme si elle demeurait gravée, figée dans le passé,
J'en ai écrit beaucoup, ça parait ringard,
Les courriers épistolaires, mais à bien des égards,
Avoir les mots couchés sur le papier,
Et bien différents de simplement s'avouer,
Il y a le temps pris pour écrire,
La patience que la poste la dépose,
Et finalement le plaisir de la découvrir,
Au milieu des factures, telle une rose,
Qui éclos sur un tas de fumier,
Que cela est beau une lettre, un courrier.
Le temps a passé, l'eau a coulé,
Les larmes et l'encre ont séché
Mais qu'importe, puisque je garde à mes côtés,
Ces mots qu'un jour reçus, qu'un jour envoyés,
Restent finalement plus longtemps,
Que se dire je t'aime en coup de vent.

En France :

Il faudrait que j'arrête de fumer,
Car je sens le tabac chaque journée,
Mais qu'importe, je suis la cible de l'État,
Je suis un fumeur, je bois et je mange gras,

Je ne fais pas de sport, Dieu m'a donné des jambes pour marcher,
C'est moins dangereux que le vélo ou la voiture quand on est bourré,
Je bois trop de café, et je me défonce aux vitamines, et je ne vais pas à la messe
Car il faut continuer à être debout avec tout ça, même sans aller à confesse,

Il faut continuer à avancer, à travailler, alors oui je bois,
Oui je fume et oui mon foie et dans un piteux état,
Non je n'irai pas faire de sport, il ne faut pas abuser,
Et puis la bien pensance de l'État, je n'en ai pas grand-chose à cirer,

Alors oui, jugez-moi, je suis l'inverse de tout ça
Après tout, il faudrait être comme si ou comme ça,
Oui je cours, et j'aime la bonne chair, simplement,
Non je ne mange pas bio, je n'ai pas les moyens,

Non je ne mange pas végane, et c'est particulièrement scandaleux,
Qu'ils essayent ne nous imposer leurs idéaux sur France deux ;
Que voulez-vous ? Moi le mauvais élèves…Mais,
En réalité, aux yeux des Européens je demeure très Français.

L'oiseau :

La colombe enfermée dans sa cage d'osier,
Dans cet appartement, sa prison dorée,
Ou la fenêtre et la pièce dans laquelle elle était,
Était devenue son monde, celui où elle vivait ;
Une pièce blanche meublé, l'hiver la fenêtre embuée,
L'été la baie ouverte, oiseaux curieux venait discuter,
L'Automne, par les carreaux, le monde changeait,
Du moins, quand les volets ne demeuraient pas fermés,
Les années ont passés et un petit monstre a grandi
Un monstre sans plume, qui faisait du bruit
Et qui un jour, la porte de ma maison à entrebâiller,
Mais j'étais chez moi, où serais-je allé ?
D'autant plus que je suis née ici,
Que c'est ici, et rien qu'ici mon nid,
Et bien que rêvant de liberté…
Mes ailes brisées m'empêchent de m'envoler.

Le clocher des Carmes :

De son chevet il contemple à travers la baie,
Là où sa tête demeure immobile, sur son oreiller,
Il observe cet amas, vestige allumé, ce clocher ;
Éclairé par les comètes et les lumières tamisées,

Tel un phare dans la nuit, tel celui d'Alexandrie,
Il veille immobile sur la ville comme inscrit
Dans l'image de la ville depuis des siècles,
Bien qu'aujourd'hui, devenu clocher obsolète,

Il ne demeure plus que lui, son église disparue,
Détruite ou noyée dans les constructions,
Il ne reste de tout ça que ces pierres, que lui,
Car de toute cette guerre, il a survécu.

Lui bancal phare dans la nuit penchée,
Indique la place des Carmes et son marché,
Il aide ceux qui le voient de leurs baies,
À s'endormir, comme allongé rassuré,

De voir qu'il y a des choses qui ne changes jamais,
Lui qui a vu tant de lendemains toujours se réaliser.

Elle renaitra :

Ruines des temps anciens, que restera-t-il de nous,
Que transmettrons-nous aux générations futures,
Terre mère se meurt et l'Homme a la corde au cou,
Et il s'amuse à sauter de lui-même pour en être sûr,

Il se balance dans le vide, sous les pieds la trappe ouverte,
Juste pour s'assurer qu'on est bien à un niveau d'alerte,
Mais il n'en a cure, puisque le chemin de l'avenir est incertain,
On le ressent dans nos cœurs, inondés inlassablement de chagrin,

On n'aime plus, on espère plus, on survit,
Et les ruines qui nous observent de nous se rient,

N'avons-nous donc rien compris, mais le cerisier
Lui continuera à fleurir encore quelques années,

Quand le prunier lui perd ses étioles et ses pétales,
Que se préparant à l'apocalypse les gens s'emballent,

Nous n'y survivrons pas, mais la vie renaitra,
Quitte à mourir, elle réapparaitra.

Cygne :

Parait-il que le signe chante avant de mourir,
À part lui, qui part avec autant de plaisir,
Mourir en chantant, pour un animal aussi gracieux,
On ne pouvait guère en espérer mieux.

Si je suis né en pleurant, j'espère mourir en souriant,
Car quitte à partir, autant y aller gaiement,
Mais bon, Cerbère attendra encore quelques années,
Avant de voir débarquer, de préférence enivré,

Car quitte à mourir, autant descendre avec un verre dans le nez,
Sinon, je crois que j'aurai vraiment des raisons de pleurer,

Peut-être qu'en enfer il y a un tripot où l'on peut boire,
Ça serait super, se rappeler la vie de vivant,
En buvant un ou deux canons avec de jolies dames le soir
Entre copains, nous retrouver pour parler d'avant.

Istanbul :

À la frontière de l'Orient et de l'Occident,
Tu rayonnes toujours autant,
Toi la ville, la sublime porte qui veille,
Depuis des années sur tes richesses et merveilles,

Je garde ton nom dans ma mémoire,
Pour être, il y a longtemps venu te voir,
Je reviendrai avec plaisir en ton sein,
Ou petit, j'étais émerveillé devant le bazar Égyptien,

Toi lien infaillible de part et d'autre du Bosphore,
Qui a vu tant de choses, de richesses et d'or,
Je garde en mémoire tes ruelles sous Topkapi,
Pour espérer un jour te revoir belle amie ;

Un jour à nouveau savourer ta foule impressionnante,
Avec pour espoir de revoir une femme,
Dans tes rues vivantes et bouillantes,
À qui j'ai laissé les clefs de mon âme.

Il faut en rire :

Ce n'est pas de la poésie,
C'est juste de la folie ;

Un ramassis d'évènements,
Qui plus est mal écrit,
Qui ne sont pas amusants,
Quoi que…on en rit.

Au naturel :

Les plaisirs simples, préférant arroser mes plantes,
Veiller sur la santé de mes bonsaïs et de mon chat,
À ne penser à rien d'autre qu'à être soit,
Poser les masques et les épées, cesser de crier : méchante.

Car finalement, les plaisirs simples de la vie,
Ne sont-ils pas les plus agréables à partager,
Partager un bon repas, une bouteille et nos envies,
A parler de tout et de rien, cesser de chercher.

Cesser de combattre des chimères,
Ou des salazistes portugais, qui, de toute façon,
Ne sont plus là désormais, donc bon,
À quoi bon chercher la licorne mère,
Le griffon qui traverse le ciel,
Pour essayer de se convaincre que la vie est belle.

À quoi bon chercher des éléphants dans les rues,
Les sept boules de cristal ne sont jamais apparues,
Alors pourquoi s'obstiner à chercher ce que l'on ne peut trouver,
À quoi bon se torturer à défaire des nœuds qui demeureront sceller,
À quoi bon vouloir l'argent de la banque,
Si on en demeure toujours qu'un saltimbanque,
Chercher une baleine dans les cieux,
Un aveugle qui a encore ses yeux,
Un dragon qui garde une femme prisonnière,
Si de mon imagination je ne suis solidaire.
On cherche constamment des réponses, mais,
Que fera-t-on le jour où on les aura trouvées ?

Serai-je plus apaisé, ou en appellerons telles de nouvelles,
Qui me forcera à remuer terre et ciel,
Pour essayer de comprendre, finalement pourquoi,
Pourquoi suis-je comme ça, pourquoi suis-je moi.

Confiné :

Triste sensation de voir le monde enfermer,
De le voir, vidée, de toute vie et de toute humanité,
De voir les rares passants gantés et masqués,
S'éloignant de plusieurs pas d'un suspect pestiféré.

Dans l'horreur l'Homme montre son vrai visage,
Il y a ceux de vertu aux actes nobles, emplis de bonté,
Et les autres, qui se cache et vive égoïstement enfermé,
Qu'elle tristesse, un massacre ! un carnage !

Pour la liberté ? Oui,
Pour la solidarité ? Oui
Pour l'Humanité ? Oui
Pour les services de santé ? Oui
Pour l'Europe ? Oui
Pour le monde ? Aussi.

Mais cela permet aussi de savoir qui sont nos voisins,
Ceux dangereux, lâches et couards ; en temps de guerre,
Et au contraire, ceux qui sont des personnes de biens.
Triste épidémie qui emporte nos aïeux et nos pères.

Le chant de la mer :

Le chant de la mer est trop fort, et la fille du roi,
N'arrive plus à libérer son cœur de ce soldat,
Que son père, pour les séparer à envoyer à la guerre,
Et qu'elle doit se marier à l'autre bout de la terre,

La fille du roi ne peut supporter se dilemme,
Alors elle s'est résolue à résoudre le problème,
Le chant de la mer est trop fort cette nuit,
Et elle se suicida pour qu'à jamais dans l'autre vie,

Ils demeurent réunis, sous les feuilles de palmier,
Là où l'eau et le miel, et où la mer va les emporter ;
Car finalement, bien que la mariée ait quitté le port,
Elle n'arrivera jamais en Espagne à son bord,

Ce bateau qui faisait pleurer le ciel et le soldat,
Finalement, ne les séparera pas.

Ma Conscience :

Des anneaux de Saturne où tu m'accompagné,
Jusqu'aux urnes où tu me demandais d'aller,
Des décisions aux mots que je devais prononcer,
Jusqu'aux maux que j'essayais de crier,
De la face cachée de la lune où j'étais dans ma bulle,
Aux bouteilles que je vidais pour prendre du recul,
Ma conscience me travaillait constamment,
La science qui me réveillait lors du beau temps,
Sur Pluton la petite planète naine au fond de la galaxie,
À observer notre système, les comètes passées dans l'infini,
Elle restait à m'accompagner, partout où je fuyais,
À me faire me torturer, partout où je partais,
Sur mon cœur tatoué, sur laquelle,
Finalement, elle reste à verser du sel.

Un bateau au fond de l'eau :

J'ai jeté l'encre sur le papier comme un bateau amarré,
Pour que sous le poids de la plume il cesse de dériver,
Qu'il demeure à bon port, sur le quai, à jamais attaché,
Au lieu de le laisser voguer et finalement défier l'océan,
Défier Poséidon, les naïades, naga et dragon nageant,
Contre lesquelles il ne pourra ni résister ni gagner,

Ce qui me conduira, comme Syssiphe inlassablement,
À demeurer las de tout recommencer éternellement,
Avant de sombrer dans les abysses, froides et damnées,
Avant que de ce bateau amarré il n'y est plus rien
Qu'une épave au fond des eaux,
Cercueil engloutis pour mes os.

La Chasse :

Les nuages épais masquaient les flancs de la falaise,
Dont l'on ne pouvait distinguer aucun sommet,
Tel un épais voile, une bulle de brume des marais,
Comme une tache dans la perspective, comme un malaise,
Un malaise glacial, annonçant l'arrivé, de ce nuage descendant semblable au serpent,
Jusqu'au creux de la vallée, ou tous, de peur, sont pris en le voyant,
Car il absorbe la lumière comme le mal pur, comme le profond néant,
Annoncent la mort, la maladie, la destruction car dans le nuage, chevauchant,
La brume descendant en serpent, annonce l'arrivée de la chasse sauvage aux chevaux hurlants,
Venue moissonner les mortels et emporter les enfants,
Sur leur destrier de brume amoncelé fendant à travers les cieux,
Ils n'épargnent personne, aucune terre, et aucun lieu.

Belle journée :

Le pied sur ma sandale, je presse le pas,
Sur ce sentier caillouteux au milieu des bois,
L'automne est déjà là, la forêt une nouvelle fois, se meurt,
Parés pour l'occasion, de milles robes aux milles couleurs…
Je presse le pas, le vent se lève, l'orage gronde derrière moi,
Le pied sur ma sandale, je presse le pas.

L'orage s'abat, brisant les cieux, la foudre frappe, la pluie désormais vient,
Et je continue d'avancer, stoïquement, inexorablement sur mon chemin,
Le ciel de noir s'est éclairci en gris, mais les oiseaux ne chantent plus,
Pourtant, la pluie de me mouiller s'est lassée, l'averse a alors disparu ;

Le soleil revient pour se coucher derrière les collines,
Déjà, occupé, habillé par la neige sur leurs cimes.
Les bois s'effacent eux aussi de mon chemin, devenu alors paysage de rizière,
Arrivée dans une vallée, le vent s'engouffre faisant rouler les cailloux et les pierres,

Encerclé dans les bras d'une rivière, les flammes d'une ville allumé,
Remplissent l'image dessinée de la vallée de constellations étoilées,

Cette ville est celle des tanneurs, c'est elle qui se dessine au loin,
Je presse le pas, du sentier, je suis passé à la route désormais,
Les portes ouvertes où trône de part et d'autre de tours de guet,
Contemplant l'œuvre de l'homme, les fossés à leurs pieds, agencés avec soins.

Le pied sur ma sandale, je presse le pas,
Et la porte, derrière moi se referma.

Me voilà dans l'allée principal, l'artère fémorale de cette ville aussi petite soit-elle,
Ou de part et d'autre, des boutiquiers tiennent leurs magasins de peur que le vent l'emporte,
Certains sont assis à regarder les passant, d'un air parfois vidé de vie, des âmes mortes,
Continuant mon chemin, me voilà arrivé à la place principale, simple, mais belle ;

Cette place, c'est là que je devais venir,
Sous l'arbre à tourner en rond, je presse le pas,
Le pied sur ma sandale, je presse le pas
Sous l'érable des soupirs…

- « Me voilà, nous avions rendez-vous, mais je t'avais demandé une faveur,
  Tu me l'as donné, j'ai pu dire au revoir aux miens,
  Me voilà revenu, moi, rônin, pour restaurer mon honneur,

Je me suiciderai comme convenu, demain matin ».

L'aube se faisait désirer, la garce, impatient de voir ses derniers rayons,
Ses derniers rayons, linceul de mon âme, devant se racheter,
Un dernier poème avant de quitter ce monde, ce monde quitté de toute raison,
Une dernière fois nettoyer, inlassablement, la lame qui m'accompagnera à l'aller.

- « L'aube est lever rônin, est tu prêt ? As-tu choisi ton assistant ? »
- « Je suis prêt, et je n'en ai nullement besoin, je partirai en souffrant »

L'acier froid, qui dans l'abdomen s'est enfoncé, ne les font ni rire, ni pleurer,
La lame continue son chemin et son visage lui n'est ni sombre ni illuminé,
Après s'être ouvert le ventre… Il ne cria pas, il ne pleura pas, silencieux jusque dans la mort,
Derniers rayons de sa vie, illuminant un dernier sourire, le visage apaisé, il est mort.

La fin de la marche :

Quand les météores frapperont en pluie d'éclair,
La Terre, formant un paysage presque lunaire,
Remplie d'aspérités, de poreuses pierre et de milliers de cratères,
Ne laissant de l'humanité que poussière volant dans les airs,

Nous serons toujours là, notre amour vivra,
Même s'il n'y a plus de vie pour le voir,
Les ronces nous liant auront disparu, à croire
Que celles-ci n'ont jamais existé alors que c'est le cas,

De nos os disparus et de nos cœurs poussiéreux,
De nos mains arrachées, et de nos âmes envolées,
Il ne restera rien, on aura péri ensemble désarmés,
Après s'être entretué de nos vivants désireux,

Les vents solaires, brillant et luisant éclaireront
La galaxie, les univers et les constellations,
Car par notre inaction nous avons conduit,
L'humanité à finir, néant, poussière et suif.

Merci à vous d'avoir lu mes pensées,
En espérant que vous aurez appréciez.